PAUL VERLAINE

PARALLÈLEMENT

PARIS

LÉON VANIER, LIBRAIRE-ÉDITEUR

19, QUAI SAINT-MICHEL, 19

—

1889

PARALLÈLEMENT

PAUL VERLAINE

PARALLÈLEMENT

PARIS
LÉON VANIER, LIBRAIRE-ÉDITEUR
19, QUAI SAINT-MICHEL, 19

1889

PRÉFACE

« Parallèlement » à *Sagesse*, *Amour*, et aussi à *Bonheur* qui va suivre et conclure. Après viendront, si Dieu le permet, des œuvres impersonnelles avec l'intimité latérale d'un long *Et cœtera* plus que probable.

Ceci devait être dit pour répondre aux objections que pourrait soulever le ton particulier du présent fragment d'un ensemble en train.

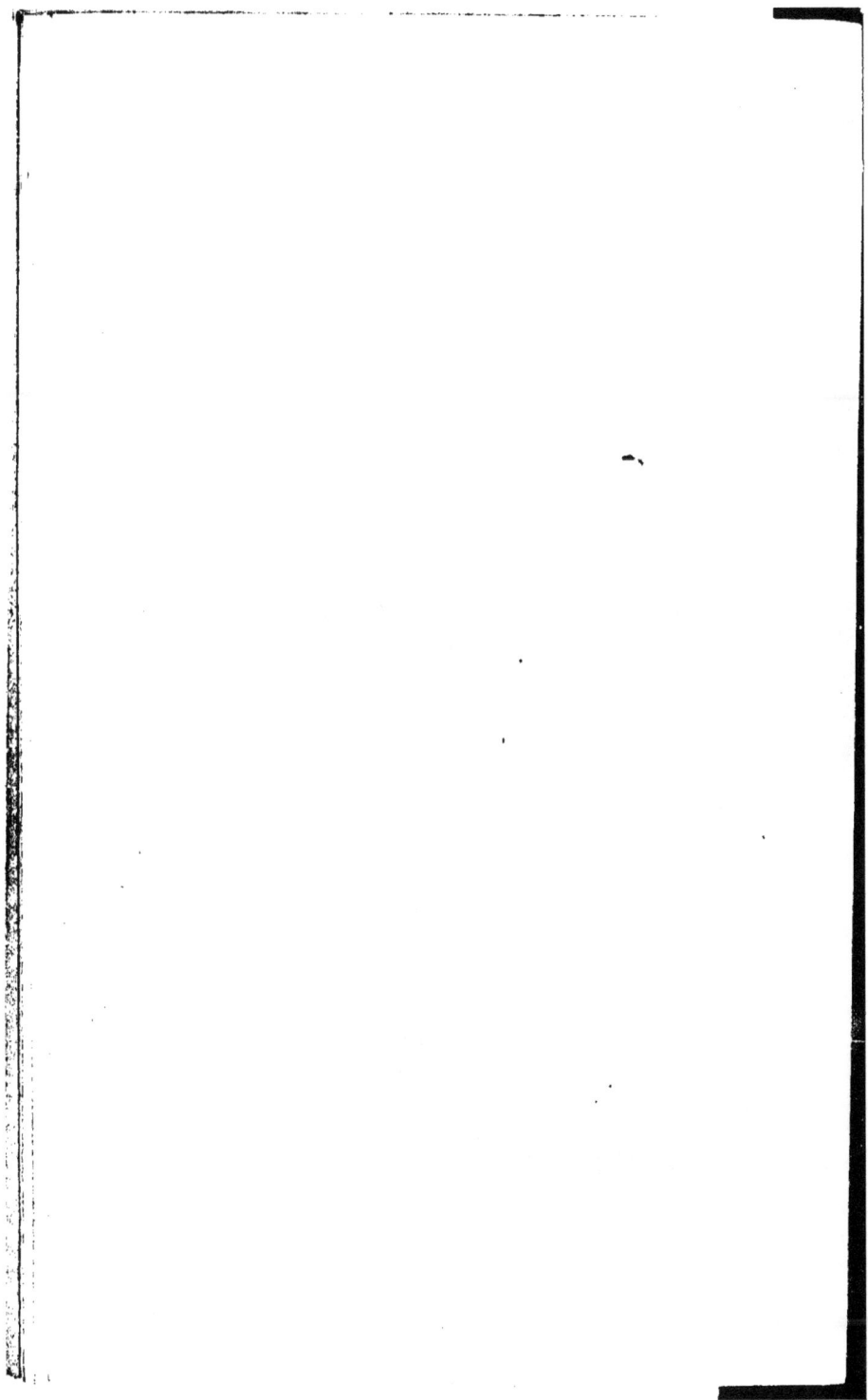

~ DÉDICACE

Vous souvient-il, cocodette un peu mûre
Qui gobergez vos flemmes de bourgeoise,
Du temps joli quand, gamine un peu sure,
Tu m'écoutais, blanc-bec fou qui dégoise ?

Gardâtes-vous fidèle la mémoire,
O grasse en des jerseys de poult-de-soie,
De t'être plu jadis à mon grimoire,
Cour par écrit, postale petite oye ?

Avez-vous oublié, Madame Mère,
Non, n'est-ce pas, même en vos bêtes fêtes,
Mes fautes de goût, mais non de grammaire,
Au rebours de tes chères lettres bêtes ?

Et quand sonna l'heure des justes noces,
Sorte d'Ariane qu'on me dit lourde,
Mes yeux gourmands et mes baisers féroces
A tes nennis faisant l'oreille sourde ?

Rappelez-vous aussi, s'il est loisible
A votre cœur de veuve mal morose,
Ce moi toujours tout prêt, terrible, horrible,
Ce toi mignon prenant goût à la chose,

Et tout le train, tout l'entrain d'un manège
Qui par malheur devint notre ménage.
Que n'avez-vous, en ces jours-là, que n'ai-je
Compris les torts de votre et de mon âge !

C'est bien fâcheux : me voici, lamentable
Epave éparse à tous les flots du vice,
Vous voici, toi, coquine détestable,
Et ceci fallait que je l'écrivisse !

ALLÉGORIE

Un très vieux temple antique s'écroulant
Sur le sommet indécis d'un mont jaune,
Ainsi qu'un roi déchu pleurant son trône,
Se mire, pâle, au tain d'un fleuve lent.

Grâce endormie et regard somnolent,
Une naïade âgée, auprès d'un aulne,
Avec un brin de saule agace un faune
Qui lui sourit, bucolique et galant.

Sujet naïf et fade qui m'attristes,
Dis, quel poète entre tous les artistes,
Quel ouvrier morose t'opéra,

Tapisserie usée et surannée,
Banale comme un décor d'opéra,
Factice, hélas ! comme ma destinée ?

LES AMIES

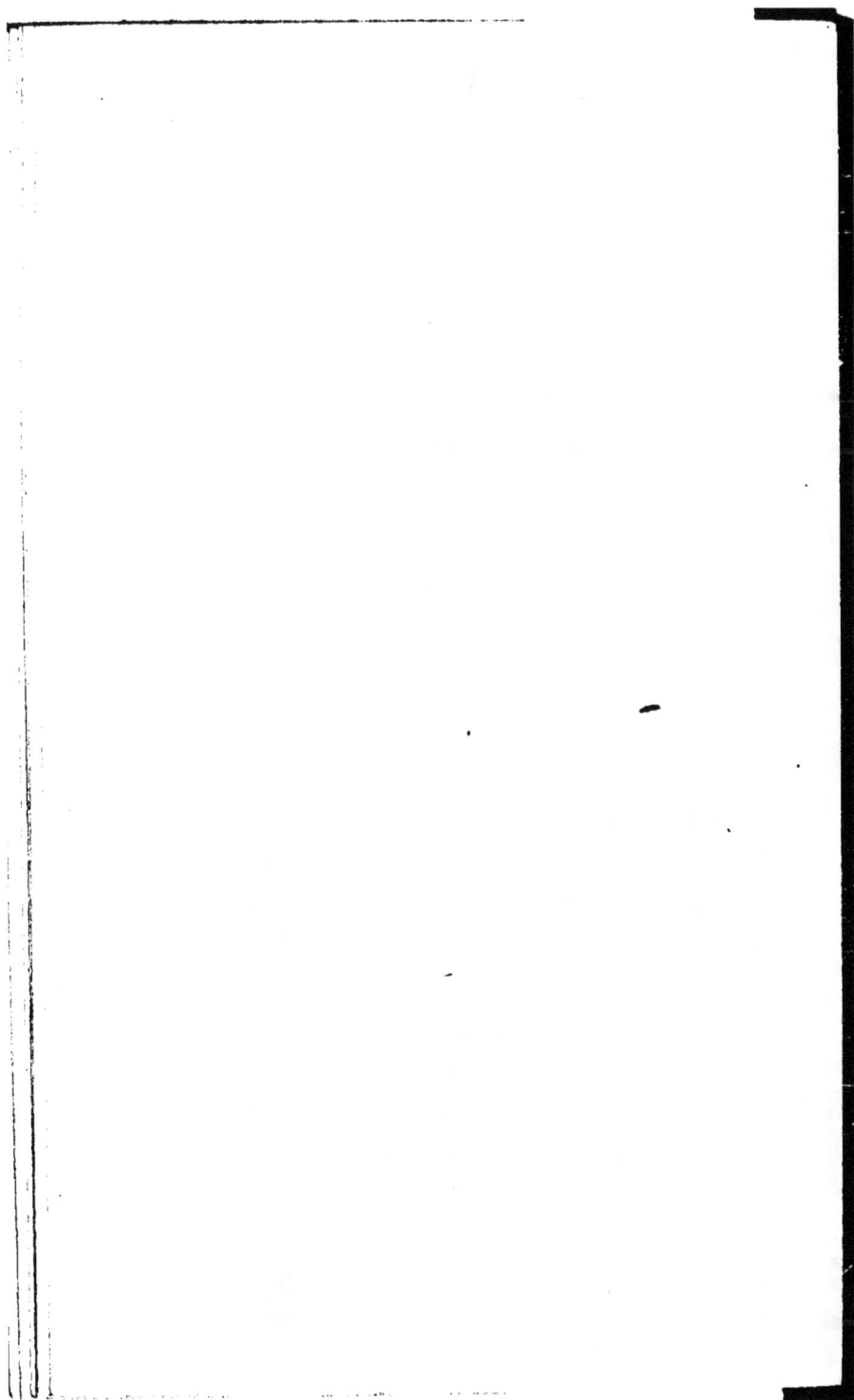

LES AMIES

I

SUR LE BALCON

Toutes deux regardaient s'enfuir les hirondelles :
L'une pâle aux cheveux de jais, et l'autre blonde
Et rose, et leurs peignoirs légers de vieille blonde
Vaguement serpentaient, nuages, autour d'elles.

Et toutes deux, avec des langueurs d'asphodèles,
Tandis qu'au ciel montait la lune molle et ronde,
Savouraient à longs traits l'émotion profonde
Du soir et le bonheur triste des cœurs fidèles.

Telles, leurs bras pressant, moites, leurs tailles souples,
Couple étrange qui prend pitié des autres couples,
Telles, sur le balcon, rêvaient les jeunes femmes.

Derrière elles, au fond du retrait riche et sombre,
Emphatique comme un trône de mélodrame
Et plein d'odeurs, le Lit, défait, s'ouvrait dans l'ombre.

II

PENSIONNAIRES

L'une avait quinze ans, l'autre en avait seize :
Toutes deux dormaient dans la même chambre
C'était par un soir très lourd de septembre
Frêles, des yeux bleus, des rougeurs de fraise.

Chacune a quitté, pour se mettre à l'aise,
La fine chemise au frais parfum d'ambre.
La plus jeune étend les bras, et se cambre,
Et sa sœur, les mains sur ses seins, la baise,

1.

Puis tombe à genoux, puis devient farouche
Et tumultueuse et folle, et sa bouche
Plonge sous l'or blond, dans les ombres grises;

Et l'enfant, pendant ce temps-là, recense
Sur ses doigts mignons des valses promises,
Et, rose, sourit avec innocence.

III

PER AMICA SILENTIA

Les longs rideaux de blanche mousseline
Que la lueur pàle de la veilleuse
Fait fluer comme une vague opaline
Dans l'ombre mollement mystérieuse,

Les grands rideaux du grand lit d'Adeline
Ont entendu, Claire, ta voix rieuse,
Ta douce voix argentine et câline
Qu'une autre voix enlace, furieuse.

« Aimons, aimons! » disaient vos voix mêlées,
Claire, Adeline, adorables victimes
Du noble vœu de vos âmes sublimes.

Aimez, aimez! ô chères Esseulées,
Puisqu'en ces jours de malheur, vous encore,
Le glorieux Stigmate vous décore.

IV

PRINTEMPS

Tendre, la jeune femme rousse,
Que tant d'innocence émoustille,
Dit à la blonde jeune fille
Ces mots, tout bas, d'une voix douce :

« Sève qui monte et fleur qui pousse,
Ton enfance est une charmille :
Laisse errer mes doigts dans la mousse
Où le bouton de rose brille,

« Laisse-moi, parmi l'herbe claire,
Boire les gouttes de rosée
Dont la fleur tendre est arrosée, —

« Afin que le plaisir, ma chère,
Illumine ton front candide
Comme l'aube l'azur timide. »

V

ÉTÉ

Et l'enfant répondit, pâmée
Sous la fourmillante caresse
De sa pantelante maîtresse :
« Je me meurs, ô ma bien-aimée!

« Je me meurs : ta gorge enflammée
Et lourde me soûle et m'oppresse;
Ta forte chair d'où sort l'ivresse
Est étrangement parfumée;

« Elle a, ta chair, le charme sombre
Des maturités estivales. —
Elle en a l'ambre, elle en a l'ombre;

« Ta voix tonne dans les rafales,
Et ta chevelure sanglante
Fuit brusquement dans la nuit lente. »

VI

SAPPHO

Furieuse, les yeux caves et les seins roides,
Sappho, que la langueur de son désir irrite,
Comme une louve court le long des grèves froides.

Elle songe à Phaon, oublieuse du Rite,
Et, voyant à ce point ses larmes dédaignées,
Arrache ses cheveux immenses par poignées ;

Puis elle évoque, en des remords sans accalmies,
Ces temps où rayonnait, pure, la jeune gloire

De ses amours chantés en vers que la mémoire
De l'âme va redire aux vierges endormies :

Et voilà qu'elle abat ses paupières blêmies
Et saute dans la mer où l'appelle la Moire, —
Tandis qu'au ciel éclate, incendiant l'eau noire,
La pâle Séléné qui venge les Amies.

FILLES

FILLES

I

A LA PRINCESSE ROUKHINE

> « Capellos de Angelos. »
> (*Friandise espagnole.*)

C'est une laide de Boucher
Sans poudre dans sa chevelure,
Follement blonde et d'une allure
Vénuste à tous nous débaucher.

Mais je la crois mienne entre tous,
Cette crinière tant baisée,
Cette cascatelle embrasée
Qui m'allume par tous les bouts.

Elle est à moi bien plus encor
Comme une flamboyante enceinte
Aux entours de la porte sainte,
L'alme, la dive toison d'or !

Et qui pourrait dire ce corps
Sinon moi, son chantre et son prêtre,
Et son esclave humble et son maitre
Qui s'en damnerait sans remords,

Son cher corps rare, harmonieux,
Suave, blanc comme une rose
Blanche, blanc de lait pur, et rose
Comme un lys sous de pourpres cieux ?

Cuisses belles, seins redressants,
Le dos, les reins, le ventre, fête
Pour les yeux et les mains en quête
Et pour la bouche et tous les sens ?

Mignonne, allons voir si ton lit
A toujours sous le rideau rouge
L'oreiller sorcier qui tant bouge
Et les draps fous. O vers ton lit !

II

SÉGUIDILLE

Brune encore non eue,
Je te veux presque nue
Sur un canapé noir
Dans un jaune boudoir,
Comme en mil huit cent trente.

Presque nue et non nue
A travers une nue
De dentelles montrant
Ta chair où va courant
a bouche délirante.

Je te veux trop rieuse
Et très impérieuse,
Méchante et mauvaise et
Pire s'il te plaisait,
Mais si luxurieuse !

Ah, ton corps noir et rose
Et clair de lune ! Ah, pose
Ton coude sur mon cœur,
Et tout ton corps vainqueur,
Tout ton corps que j'adore !

Ah, ton corps, qu'il repose
Sur mon âme morose
Et l'étouffe s'il peut,
Si ton caprice veut,
Encore, encore, encore !

Splendides, glorieuses,
Bellement furieuses
Dans leurs jeunes ébats,
Fous mon orgueil en bas
Sous tes fesses joyeuses !

2

III

CASTA PIANA

Tes cheveux bleus aux dessous roux,
Tes yeux très durs qui sont trop doux,
Ta beauté qui n'en est pas une,
Tes seins que busqua, que musqua
Un diable cruel et jusqu'à
Ta pâleur volée à la lune,

Nous ont mis dans tous nos états,
Notre-Dame du galetas

Que l'on vénère avec des cierges
Non bénits, les Ave non plus
Récités lors des angélus
Que sonnent tant d'heures peu vierges.

Et vraiment tu sens le fagot :
Tu tournes un homme en nigaud,
En chiffre, en symbole, en un souffle,
Le temps de dire ou de faire oui,
Le temps d'un bonjour ébloui,
Le temps de baiser ta pantoufle.

Terrible lieu, ton galetas !
On t'y prend toujours sur le tas
A démolir quelque maroufle,
Et, décanillés, ces amants,
Munis de tous les sacrements,
T'y penses moins qu'à ta pantoufle !

T'as raison ! Aime-moi donc mieux
Que tous ces jeunes et ces vieux

Qui ne savent pas la manière,
Moi qui suis dans ton mouvement,
Moi qui connais le boniment
Et te voue une cour plénière !

Ne fronce plus ces sourcils ci,
Casta, ni cette bouche-ci,
Laisse-moi puiser tous tes baumes,
Piana, sucrés, salés, poivrés,
Et laisse-moi boire, poivrés,
Salés, sucrés, tes sacrés baumes.

IV

AUBURN

« Et des châtaignes aussi. »

(Chanson de Malbrouk.)

Tes yeux, tes cheveux indécis,
L'arc mal précis de tes sourcils,
La fleur pâlotte de ta bouche,
Ton corps vague et pourtant dodu,
Te donnent un air peu farouche
A qui tout mon hommage est dû.

Mon hommage, ah, parbleu ! tu l'as.
Tous les soirs, quels joie et soulas,

2.

O ma très sortable châtaine,
Quand vers mon lit tu viens, les seins
Roides, et quelque peu hautaine,
Sûre de mes humbles desseins.

Les seins roides sous la chemise,
Fière de la fête promise
A tes sens partout et longtemps.
Heureuse de savoir ma lèvre,
Ma main, mon tout, impénitents
De ces péchés qu'un fol s'en sèvre !

Sûre de baisers savoureux
Dans le coin des yeux, dans le creux
Des bras et sur le bout des mammes,
Sûre de l'agenouillement
Vers ce buisson ardent des femmes
Follement, fanatiquement !

Et hautaine puisque tu sais
Que ma chair adore à l'excès

Ta chair et que tel est ce culte
Qu'après chaque mort, — quelle mort! —
Elle renaît, dans quel tumulte !
Pour mourir encore et plus fort.

Oui, ma vague, sois orgueilleuse
Car radieuse ou sourcilleuse,
Je suis ton vaincu, tu m'as tien :
Tu me roules comme la vague
Dans un délice bien païen,
Et tu n'es pas déjà si vague ?

A MADEMOISELLE ···

Rustique beauté
Qu'on a dans les coins,
Tu sens bon les foins,
La chair et l'été.

Tes trente-deux dents
De jeune animal
Ni vont point trop mal
A tes yeux ardents.

Ton corps dépravant
Sous tes habits courts,
— Retroussés et lourds,
Tes seins en avant,

Tes mollets farauds,
Ton buste tentant,
— Gai, comme impudent,
Ton cul ferme et gros,

Nous boutent au sang
Un feu bête et doux
Qui nous rend tout fous,
Croupe, rein et flanc.

Le petit vacher
Tout fier de son cas,
Le maître et ses gas,
Les gas du berger,

Je meurs si je mens,
Je les trouve heureux,
Tous ces culs-terreux,
D'être tes amants.

VI

A MADAME ···

Vos narines qui vont en l'air,
Non loin de vos beaux yeux quelconques,
Sont mignonnes comme ces conques
Du bord de mer de bains de mer ;

Un sourire moins franc qu'aimable
Découvre de petites dents,
Diminutifs outrecuidants
De celles d'un loup de la fable ;

Bien en chair, lente avec du chien,
On remarque votre personne,
Et votre voix fine résonne
Non sans des agréments très bien ;

De la grâce externe et légère
Et qui me laissait plutôt coi
Font de vous un morceau de roi,
O de roi non absolu, chère !

Toujours est-il, regret ou non,
Que je ne sais pourquoi mon âme
Par ces froids pense à vous, Madame
De qui je ne sais plus le nom.

RÉVÉRENCE PARLER

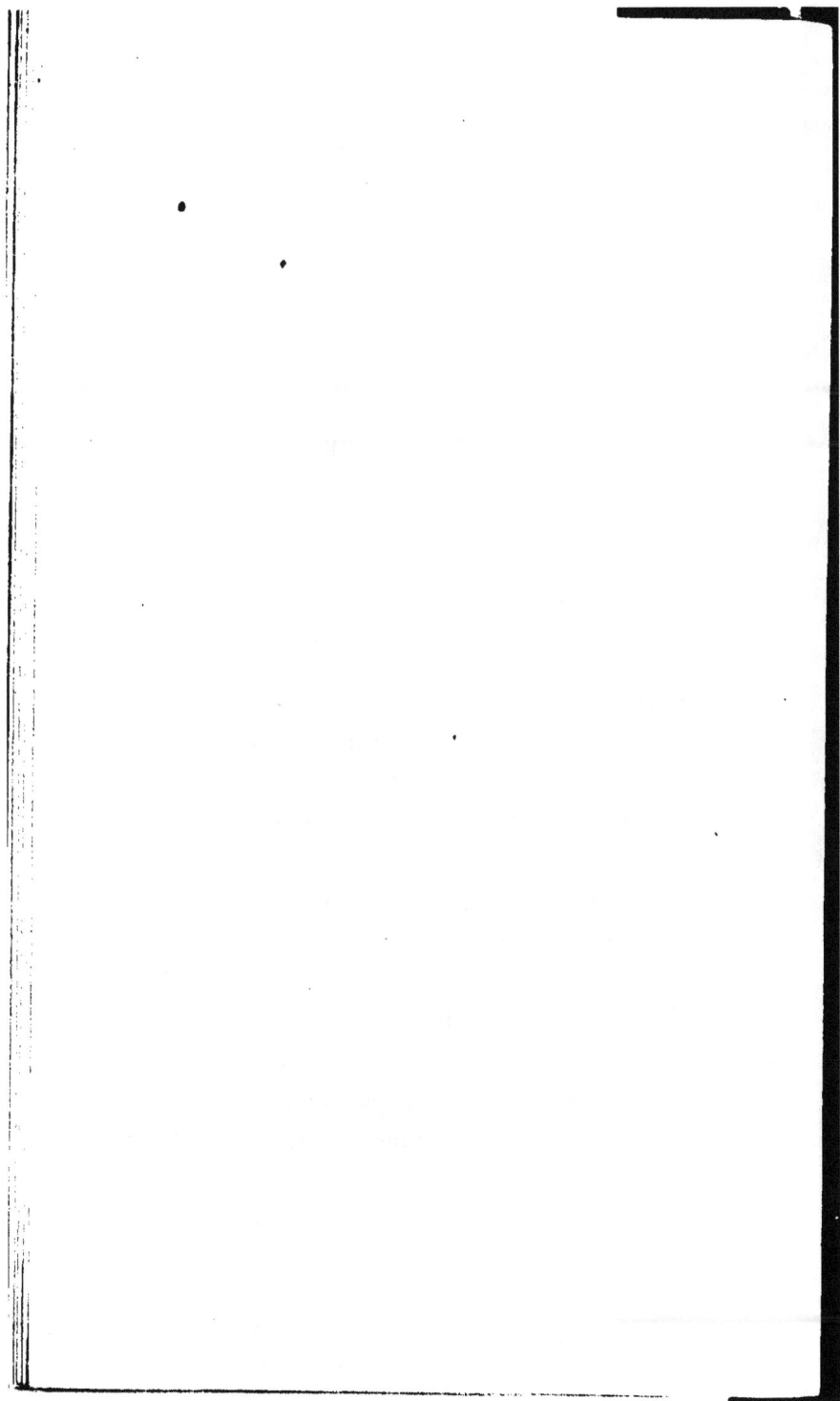

RÉVÉRENCE PARLER

I

PROLOGUE D'UN LIVRE DONT IL NE PARAITRA QUE LES EXTRAITS CI-APRÈS

Ce n'est pas de ces dieux foudroyés.
Ce n'est pas encore une infortune
Poétique autant qu'inopportune
O lecteur de bon sens, ne fuyez !

On sait trop tout le prix du malheur
Pour le perdre en disert gaspillage.
Vous n'aurez ni mes traits ni mon âge,
Ni le vrai mal secret de mon cœur.

Et de ce que ces vers maladifs
Furent faits en prison, pour tout dire,
On ne va pas crier au martyre.
Que Dieu vous garde des expansifs !

On vous donne un livre fait ainsi.
Prenez-le pour ce qu'il vaut en somme.
C'est l'*œgri somnium* d'un brave homme
Etonné de se trouver ici.

On y met, avec la « bonne foy »,
L'orthographe à peu près qu'on possède
Regrettant de n'avoir à son aide
Que ce prestige d'être bien soi.

Vous lirez ce libelle tel quel,
Tout ainsi que vous feriez d'un autre.
Ce vœu bien modeste est le seul nôtre,
N'étant guère après tout criminel.

Un mot encore, car je vous dois
Quelque lueur en définitive
Concernant la chose qui m'arrive :
Je compte parmi les maladroits.

J'ai perdu ma vie et je sais bien
Que tout blâme sur moi s'en va fondre :
A cela je ne puis que répondre
Que je suis vraiment né Saturnien.

II

IMPRESSION FAUSSE

Dame souris trotte,
Noire dans le gris du soir,
Dame souris trotte
Grise dans le noir.

On sonne la cloche,
Dormez, les bons prisonniers!
On sonne la cloche :
Faut que vous dormiez.

Pas de mauvais rêve,
Ne pensez qu'à vos amours.
Pas de mauvais rêve :
Les belles toujours !

Le grand clair de lune !
On ronfle ferme à côté.
Le grand clair de lune
En réalité !

Un nuage passe,
Il fait noir comme en un four.
Un nuage passe.
Tiens, le petit jour !

Dame souris trotte,
Rose dans les rayons bleus.
Dame souris trotte :
Debout, paresseux !

III

AUTRE

La cour se fleurit de souci
Comme le front
De tous ceux-ci
Qui vont en rond
En flageolant sur leur fémur
Débilité
Le long du mur
de clarté.

Tournez, Samsons sans Dalila,
Sans Philistin,
Tournez bien la
Meule au destin.
Vaincu risible de la loi,
Mouds tour à tour
Ton cœur, ta foi
Et ton amour !

Ils vont ! et leurs pauvres souliers
Font un bruit sec,
Humiliés,
La pipe au bec.
Pas un mot ou bien le cachot,
Pas un soupir.
Il fait si chaud
Qu'on croit mourir.

J'en suis de ce cirque effaré,
Soumis d'ailleurs
Et préparé
A tous malheurs.

3.

Et pourquoi si j'ai contristé
     Ton vœu têtu,
     Société,
     Me choierais-tu ?

Allons, frères, bons vieux voleurs,
     Doux vagabonds,
     Filous en fleur,
     Mes chers, mes bons,
Fumons philosophiquement,
     Promenons-nous
     Paisiblement :
     Rien faire est doux.

IV

RÉVERSIBILITÉS

Totus in maligno positus.

Entends les pompes qui font
   Le cri des chats.
Des sifflets viennent et vont
   Comme en pourchas.
Ah, dans ces tristes décors
Les Déjàs sont les Encors !

O les vagues Angélus !
   (Qui viennent d'où ?)
Vois s'allumer les Saluts
   Du fond d'un trou.

Ah, dans ces mornes séjours
Les Jamais sont les Toujours !

Quels rêves épouvantés,
    Vous grands murs blancs !
Que de sanglots répétés,
    Fous ou dolents !
Ah, dans ces piteux retraits
Les Toujours sont les Jamais ! .

Tu meurs doucereusement,
    Obscurément,
Sans qu'on veille, ô cœur aimant.
    Sans testament !
Ah, dans ces deuils sans rachats
Les Encors sont les Déjàs !

V

TANTALIZED

L'aile où je suis donnant juste sur une gare,
J'entends de nuit (mes nuits sont blanches) la bagarre
Des machines qu'on chauffe et des trains ajustés,
Et vraiment c'est des bruits de nids répercutés
A des cieux de fonte et de verre et gras de houille.
Vous n'imaginez pas comme cela gazouille
Et comme l'on dirait des efforts d'oiselets
Vers des vols tout prochains à des cieux violets
Encore et que le point du jour éclaire à peine.
O ces wagons qui vont dévaler dans la plaine !

VI

INVRAISEMBLABLE MAIS VRAI

Las ! je suis à l'Index et dans les dédicaces
Me voici Paul V... pur et simple. Les audaces
De mes amis, tant les éditeurs sont des saints,
Doivent éliminer mon nom de leurs desseins,
Extraordinaire et saponaire tonnerre
D'une excommunication que je vénère
Au point d'en faire des fautes de quantité !
Vrai, si je n'étais pas (forcément) désisté
Des choses, j'aimerais, surtout m'étant contraire,
Cette pudeur du moins si rare de libraire.

VII

• LE DERNIER DIZAIN

O Belgique qui m'as valu ce dur loisir,
Merci ! J'ai pu du moins réfléchir et saisir
Dans le silence doux et blanc de tes cellules
Les raisons qui fuyaient comme des libellules
A travers les roseaux bavards d'un monde vain.
Les raisons de mon être éternel et divin,
Et les étiqueter comme en un beau musée
Dans les cases en fin cristal de ma pensée.
Mais, ô Belgique, assez de ce huis-clos têtu !
Ouvre enfin, car c'est bon pour une fois, sais-tu !

Bruxelles, août 1873. — Mons, janvier 1875.

LUNES

LUNES

I

Je veux, pour te tuer, ô temps qui me dévastes,
Remonter jusqu'aux jours bleuis des amours chastes
Et bercer ma luxure et ma honte au bruit doux
De baisers sur Sa main et non plus dans Leurs cous.
Le Tibère effrayant que je suis à cette heure,
Quoi que j'en aie, et que je rie ou que je pleure,
Qu'il dorme ! pour rêver, loin d'un cruel bonheur,
Aux tendrons pâlots dont on ménageait l'honneur
Ès-fêtes, dans, après le bal sur la pelouse,
Le clair de lune quand le clocher sonnait douze.

A LA MANIÈRE DE PAUL VERLAINE

C'est à cause du clair de la lune
Que j'assume ce masque nocturne
Et de Saturne penchant son urne
Et de ces lunes l'une après l'une.

Des romances sans paroles ont,
D'un accord discord ensemble et frais,
Agacé ce cœur fadasse exprès
O le son, le frisson qu'elles ont !

Il n'est pas que vous n'ayez fait grâce
A quelqu'un qui vous jetait l'offense :
Or, moi, je pardonne à mon enfance
Revenant fardée et non sans grâce.

Je pardonne à ce mensonge-là
En faveur en somme du plaisir
Très banal drôlement qu'un loisir
Douloureux un peu m'inocula.

III

EXPLICATION

Je vous dis que ce n'est pas ce que l'on pensa.
P. V.

Le bonheur de saigner sur le cœur d'un ami,
Le besoin de pleurer bien longtemps sur son sein,
Le désir de parler à lui, bas à demi,
Le rêve de rester ensemble sans dessein !

Le malheur d'avoir tant de belles ennemies,
La satiété d'être une machine obscène,
L'horreur des cris impurs de toutes ces lamies,
Le cauchemar d'une incessante mise en scène !

Mourir pour sa Patrie ou pour son Dieu, galment,
Ou pour l'autre, en ses bras, et baisant chastement
La main qui ne trahit, la bouche qui ne ment !

Vivre loin des devoirs et des saintes tourmentes
Pour les seins clairs et pour les yeux luisants d'amantes,
Et pour le... reste ! vers telles morts infamantes !

IV

Amour qui ruisselais de flammes et de lait,
Qu'est devenu ce temps, et comme est-ce qu'elle est,
La constance sacrée au chrême des promesses ?
Elle ressemble une putain dont les prouesses
Empliraient cent bidets de futurs fœtus froids ;
Et le temps a crû mais pire, tels les effrois
D'un polype grossi d'heure en heure et qui pète.
Lâches, nous ! de nous être ainsi lâchés !

                                                                           « Arrête !
Dit quelqu'un de dedans le sein. C'est bien la loi.
On peut mourir pour telle ou tel, on vit pour soi,

Même quand on voudrait vivre pour tel ou telle !
Et puis l'heure sévère, ombre de la mortelle,
S'en vient déjà couvrir les trois quarts du cadran.
Il faut, dès ce jourd'hui, renier le tyran
Plaisir, et se complaire aux prudents hyménées,
Quittant le souvenir des heures entraînées
Et des gens. Et voilà la norme et le flambeau.
Ce sera bien. »

        L'Amour :

               « Ce ne serait pas beau. »

V

LIMBES

L'imagination, reine,
Tient ses ailes étendues,
Mais la robe qu'elle traîne
A des lourdeurs éperdues.

Cependant que la Pensée,
Papillon, s'envole et vole,
Rose et noir clair, élancée
Hors de la tête frivole.

L'Imagination, sise
En son trône, ce fier siège !
Assiste, comme indécise,
A tout ce preste manège,

Et le papillon fait rage,
Monte et descend, plane et vire :
On dirait dans un naufrage
Des culbutes du navire.

La reine pleure de joie
Et de peine encore, à cause
De son cœur qu'un chaud pleur noie,
Et n'entend goutte à la chose.

Psyché Deux pourtant se lasse.
Son vol est la main plus lente
Que cent tours de passe-passe
Ont faite toute tremblante.

Hélas, voici l'agonie !
Qui s'en fût formé l'idée ?
Et tandis que, bon génie
Plein d'une douceur lactée,

La bestiole céleste
S'en vient palpiter à terre,
La Folle-du-Logis reste
Dans sa gloire solitaire !

VI

LOMBES

Deux femmes des mieux m'ont apparu cette nuit.
Mon rêve était au bal, je vous demande un peu !
L'une d'entre elles maigre assez, blonde, un œil bleu,
Un noir et ce regard mécréant qui poursuit.

L'autre, brune au regard sournois qui flatte et nuit,
Seins joyeux d'être vus, dignes d'un demi-dieu !
Et toutes deux avaient, pour rappeler le jeu
De la main chaude, sous la traine qui bruit,

4.

Des bas de dos très beaux et d'une gaité folle
Auxquels il ne manquait vraiment que la parole,
Royale arrière-garde aux combats du plaisir.

Et ces Dames — scrutez l'armorial de France —
S'efforçaient d'entamer l'orgueil de mon désir,
Et n'en revenaient pas de mon indifférence.

Vouziers (Ardennes), 13 avril — 23 mai 1885.

LA DERNIÈRE FÊTE GALANTE

Pour une bonne fois séparons-nous,
Très chers messieurs et si belles mesdames.
Assez comme cela d'épithalames,
Et puis là, nos plaisirs furent trop doux.

Nul remords, nul regret vrai, nul désastre !
C'est effrayant ce que nous nous sentons
D'affinités avecque les moutons
Enrubannés du pire poétastre.

Séparons-nous, je vous le dis encore.
O que nos cœurs qui furent trop bêlants,
Dès ce jourd'hui réclament, trop hurlants,
L'embarquement pour Sodome et Gomorrhe !

POÈME SATURNIEN

Ce fut bizarre et Satan dut rire.
Ce jour d'été m'avait tout soûlé.
Quelle chanteuse impossible à dire
Et tout ce qu'elle a débagoulé !

Ce piano dans trop de fumée
Sous des suspensions à pétroles !
Je crois, j'avais la bile enflammée,
J'entendais de travers mes paroles.

Je crois, mes sens étaient à l'envers,
Ma bile avait des bouillons fantasques.
O les refrains de cafés-concerts,
Faussés par le plus plâtré des masques !

Dans des troquets comme en ces bourgades,
J'avais rôdé, suçant peu de glace.
Trois galopins aux yeux de tribades
Dévisageaient sans fin ma grimace.

Je fus hué manifestement
Par ces voyous, non loin de la gare,
Et les engueulai si goulûment
Que j'en faillis gober mon cigare.

Je rentre : une voix à mon oreille,
Un pas fantôme. Aucun ou personne ?
On m'a frôlé. — La nuit sans pareille !
Ah ! l'heure d'un réveil drôle sonne.

Attigny (Ardennes) 31 mai — 1ᵉʳ juin 1885.

L'IMPUDENT

La misère et le mauvais œil,
Soit dit sans le calomnier,
Ont fait à ce monstre d'orgueil
Une âme de vieux prisonnier.

Oui, jettatore, oui, le dernier
Et le premier des gueux en deuil
De l'ombre même d'un denier
Qu'ils poursuivront jusqu'au cercueil.

Son regard mûrit les enfants.
Il a des refus triomphants.
Même il est bête à sa façon.

Beautés passant, au lieu de sous,
Faites à ce mauvais garçon
L'aumône seulement... de vous.

L'IMPÉNITENT

Rôdeur vanné, ton œil fané
Tout plein d'un désir satané
Mais qui n'est pas l'œil d'un bélitre,
Quand passe quelqu'un de gentil
Lance un éclair comme une vitre.

Ton blaire flaire, âpre et subtil,
Et l'étamine et le pistil,
Toute fleur, tout fruit, toute viande,
Et ta langue d'homme entendu
Pourlèche ta lèvre friande.

5

Vieux faune en l'air guettant ton dû,
As-tu vraiment bandé, tendu
L'arme assez de tes paillardises ?
L'as-tu, drôle, braquée assez ?
Ce n'est rien que tu nous le dises.

Quoi, malgré ces reins fricassés.
Ce cœur éreinté, tu ne sais
Que dévouer à la luxure
Ton cœur, tes reins, ta poche à fiel,
Ta rate et toute ta fressure !

Sucrés et doux comme le miel,
Damnants comme le feu du ciel,
Bleus comme fleur, noirs comme poudre,
Tu raffoles beaucoup des yeux
De tout genre en dépit du Foudre.

Les nez te plaisent, gracieux
Ou simplement malicieux,

Etant la force des visages,
Etant aussi, suivant des gens,
Des indices et des présages.

Longs baisers plus clairs que des chants,
Tout petits baisers astringents
Qu'on dirait qui vous sucent l'âme,
Bons gros baisers d'enfant, légers
Baisers danseurs, telle une flamme,

Baisers mangeurs, baisers mangés,
Baisers buveurs, bus, enragés,
Baisers languides et farouches,
Ce que t'aimes bien, c'est surtout,
N'est-ce pas ? les belles boubouches.

Les corps enfin sont de ton goût,
Mieux pourtant couchés que debout,
Se mouvant sur place qu'en marche,
Mais de n'importe quel climat,
Pont-Saint-Esprit ou Pont-de-l'Arche.

Pour que ce goût les acclamât
Minces, grands, d'aspect plutôt mat,
Faudrait pourtant du jeune en somme :
Pieds fins et forts, tout légers bras
Musculeux et les cheveux comme

Çà tombe, longs, bouclés ou ras, —
Sinon pervers et scélérats
Tout à fait, un peu d'innocence
En moins, pour toi sauver, du moins,
Quelque ombre encore de décence ?

Nenni dà ! Vous, soyez témoins,
Dieux la connaissant dans les coins,
Que ces manières, de parts telles,
Sont pour s'amuser mieux au fond
Sans trop musser aux bagatelles.

C'est ainsi que les choses vont
Et que les raillards fieffés font.
Mais tu te ris de ces morales, —
Tel un monsieur plus que pressé
Passe outre aux défenses murales.

Et tu réponds, un peu lassé
De te voir ainsi relancé,
De ta voix que la soif dégrade
Mais qui n'est pas d'un marmiteux :
« Qu'y peux-tu faire, camarade,

Si nous sommes cet amiteux ? »

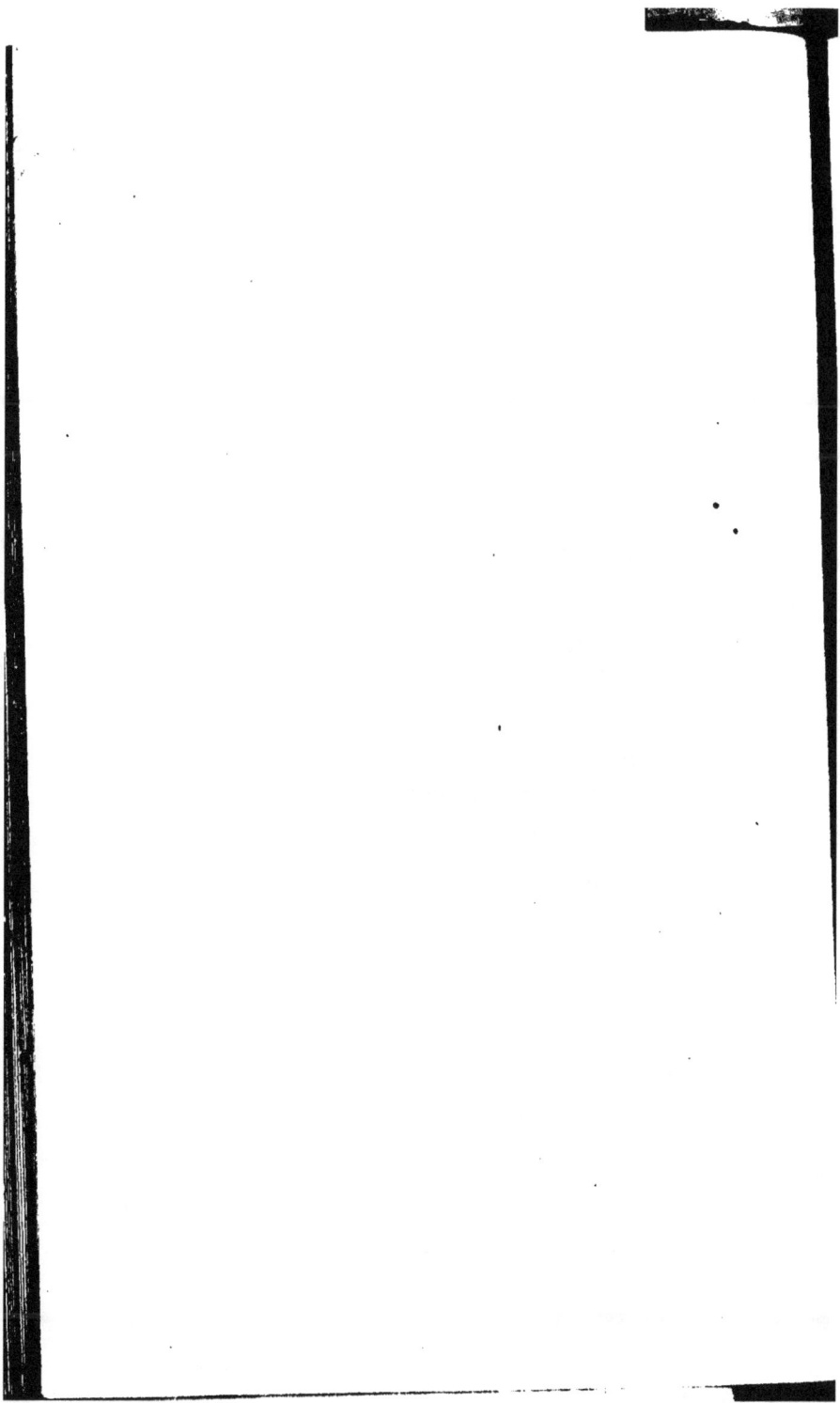

LE

SONNET DE L'HOMME AU SABLE

Aussi, la créature était par trop toujours la même,
Qui donnait ses baisers comme un enfant donne des noix,
Indifférente à tout, hormis au prestige suprême
De la cire à moustache et de l'empois des faux-cols droits.

Et j'ai ri, car je tiens la solution du problème :
Ce pouf était dans l'air dès le principe, je le vois ;
Quand la chair et le sang, exaspérés d'un long carème,
Réclamèrent leur dû, — la créature était en bois.

C'est le conte d'Hoffmann avec de la bêtise en marge.
Amis qui m'écoutez, faites votre entendement large,
Car c'est la vérité que ma morale, et la voici :

Si, par malheur, — puisse d'ailleurs l'augure aller au diable ! —
Quelqu'un de vous devait s'emberlificoter aussi,
Qu'il réclame un conseil de revision préalable.   •

GUITARE

Le pauvre du chemin creux chante et parle.
Il dit : « Mon nom est Pierre et non pas Charle.
Et je m'appelle aussi Duchatelet.
Une fois je vis, moi qu'on croit très laid.
Passer vraiment une femme très belle.
(Si je la voyais telle, elle était telle.)
Nous nous mariâmes au vieux curé.
On eut tout ce qu'on avait espéré,
Jusqu'à l'enfant qu'on m'a dit vivre encore.
Mais elle devint la pire pécore
Même pas digne de cette chanson,
Et certain beau soir quitta la maison

5.

En emportant tout l'argent du ménage
Dont les trois quarts étaient mon apanage.
C'était une voleuse, une sans-cœur,
Et puis, par des fois, je lui faisais peur.
Elle n'avait pas l'ombre d'une excuse,
Pas un amant ou par rage ou par ruse.
Il paraît qu'elle couche depuis peu
Avec un individu qui tient lieu
D'époux à cette femme de querelle.
Faut-il la tuer ou prier pour elle? »

Et le pauvre sait très bien qu'il priera,
Mais le diable parierait qu'il tuera.

BALLADE DE LA VIE EN ROUGE

L'un toujours vit la vie en rose,
Jeunesse qui n'en finit plus,
Seconde enfance moins morose,
Ni vœux, ni regrets superflus.
Ignorant tout flux et reflux,
Ce sage pour qui rien ne bouge
Règne instinctif : tel un phallus.
Mais moi je vois la vie en rouge.

L'autre ratiocine et glose
Sur des modes irrésolus,
Soupesant, pesant chaque chose
De mains gourdes aux lourds calus.

Lui faudrait du temps tant et plus
Pour se risquer hors de son bouge.
Le monde est gris à ce reclus.
Mais moi je vois la vie en rouge.

Lui, cet autre, alentour il osu
Jeter des regards bien voulus,
Mais, sur quoi que son œil se pose,
Il s'exaspère où tu te plus,
Œil des philanthropes joufflus;
Tout lui semble noir, vierge ou gouge,
Les hommes, vins bus, livres lus.
Mais moi je vois la vie en rouge.

Envoi

Prince et princesse, allez, élus,
En triomphe par la route où je
Trime d'ornières en talus.
Mais moi, je vois la vie en rouge.

MAINS

Ce ne sont pas des mains d'altesse,
De beau prélat quelque peu saint,
Pourtant une délicatesse
Y laisse son galbe succinct.

Ce ne sont pas des mains d'artiste,
De poète proprement dit,
Mais quelque chose comme triste
En fait comme un groupe en petit ;

Car les mains ont leur caractère,
C'est tout un monde en mouvement
Où le pouce et l'auriculaire
Donnent les pôles de l'aimant.

Les météores de la tête
Comme les tempêtes du cœur,
Tout s'y répète et s'y reflète
Par un don logique et vainqueur.

Ce ne sont pas non plus les palmes
D'un rural ou d'un faubourien ;
Encor leurs grandes lignes calmes
Disent « Travail qui ne doit rien ».

Elles sont maigres, longues, grises,
Phalange large, ongle carré.
Tels en ont aux vitraux d'églises
Les saints sous le rinceau doré,

Ou tels quelques vieux militaires
Déshabitués des combats
Se rappellent leurs longues guerres
Qu'ils narrent entre haut et bas.

Ce soir elles ont, ces mains sèches,
Sous leurs rares poils hérissés,
Des airs spécialement rèches,
Comme en proie à d'âpres pensers.

Le noir souci qui les agace,
Leur quasi-songe aigre les font
Faire une sinistre grimace
A leur façon, mains qu'elles sont.

J'ai peur à les voir sur la table
Préméditer là, sous mes yeux,
Quelque chose de redoutable,
D'inflexible et de furieux.

La main droite est bien à ma droite,
L'autre à ma gauche, je suis seul.
Les linges dans la chambre étroite
Prennent des aspects de linceul,

Dehors le vent hurle sans trève,
Le soir descend insidieux...
Ah ! si ce sont des mains de rêve,
Tant mieux, — ou tant pis, — ou tant mieux.

LES MORTS QUE...

Les morts que l'on fait saigner dans leur tombe
    Se vengent toujours.
Ils ont leur manière, et plaignez qui tombe
    Sous leurs grands coups sourds.
Mieux vaut n'avoir jamais connu la vie,
Mieux vaut la mort lente d'autres suivie,
Tant le temps est long, tant les coups sont lourds.

Les vivants qu'on fait pleurer comme on saigne
    Se vengent parfois.
Ceux-là qu'ils ont pris, qu'un chacun les plaigne,
    Pris entre leurs doigts.

Mieux vaut un ours et les jeux de sa patte,
Mieux vaut cent fois le chanvre et sa cravate,
Mieux vaut l'édredon d'Othello cent fois.

O toi, persécuteur, crains le vampire
  Et crains l'étrangleur :
Leur jour de colère apparaîtra pire
  Que toute douleur.
Tiens ton âme prête à ce jour ultime
Qui surprendra l'assassin comme un crime
Et fondra sur le vol comme un voleur.

NOUVELLES VARIATIONS

SUR LE POINT DU JOUR

Le Point du Jour, le point blanc de Paris,
Le seul point blanc, grâce à tant de bâtisse
Et neuve et laide et que je t'en ratisse,
Le Point du Jour aurore des paris !

Le bonneteau fleurit « dessur » la berge,
La bonne tôt s'y déprave, tant pis
Pour elle et tant mieux pour le birbe gris
Qui lui du moins la croit encore vierge.

Il a raison le vieux, car voyez donc
Comme est joli toujours le paysage :
Paris au loin, triste et gai, fol et sage,
Et le Trocadéro, ce cas, au fond,

Puis la verdure et le ciel et les types
Et la rivière obscène et molle, avec
Des gens trop beaux, leur cigare à leur bec,
Épatants ces metteurs-au-vent de tripes !

PIERROT GAMIN

Ce n'est pas Pierrot en herbe
Non plus que Pierrot en gerbe,
C'est Pierrot, Pierrot, Pierrot.
Pierrot gamin, Pierrot gosse,
Le cerneau hors de la cosse,
C'est Pierrot, Pierrot, Pierrot !

Bien qu'un rien plus haut qu'un mètre,
Le mignon drôle sait mettre
Dans ses yeux l'éclair d'acier
Qui sied au subtil génie
De sa malice infinie
De poète-grimacier.

Lèvres rouge-de-blessure
Où sommeille la luxure,
Face pâle aux rictus fins,
Longue, très accentuée,
Qu'on dirait habituée
A contempler toutes fins,

Corps fluet et non pas maigre,
Voix de fille et non pas aigre,
Corps d'éphèbe en tout petit,
Voix de tête, corps'en fête,
Créature toujours prête
A soûler chaque appétit.

Va, frère, va, camarade,
Fais le diable, bats l'estrade
Dans ton rêve et sur Paris
Et par le monde, et sois l'âme
Vile, haute, noble, infâme
De nos innocents esprits !

Grandis, car c'est la coutume,
Cube ta riche amertume,
Exagère ta gaieté,
Caricature, auréole,
La grimace et le symbole
De notre simplicité !

CES PASSIONS

Ces passions qu'eux seuls nomment encore amours
Sont des amours aussi, tendres et furieuses,
Avec des particularités curieuses
Que n'ont pas les amours certes de tous les jours.

Même plus qu'elles et mieux qu'elles héroïques,
Elles se parent de splendeurs d'âme et de sang
Telles qu'au prix d'elles les amours dans le rang
Ne sont que Ris et Jeux ou besoins érotiques,

6

Que vains proverbes, que riens d'enfants trop gâtés.
— « Ah ! les pauvres amours banales, animales,
Normales ! Gros goûts lourds ou frugales fringales,
Sans compter la sottise et des fécondités ! »

— Peuvent dire ceux-la que sacre le haut Rite,
Ayant conquis la plénitude du plaisir,
Et l'insatiabilité de leur désir
Bénissant la fidélité de leur mérite.

La plénitude ! Ils l'ont superlativement :
Baisers repus, gorgés, mains privilégiées
Dans la richesse des caresses repayées,
Et ce divin final anéantissement !

Comme ce sont les forts et les forts, l'habitude
De la force les rend invaincus au déduit.
Plantureux, savoureux, débordant, le déduit !
Je le crois bien qu'ils ont la pleine plénitude !

Et pour combler leurs vœux, chacun d'eux tour à tour
Fait l'action suprême, a la parfaite extase,
— Tantôt la coupe ou la bouche et tantôt le vase —
Pâmé comme la nuit, fervent comme le jour.

Leurs beaux ébats sonts grands et gais. Pas de ces crises :
Vapeurs, nerfs. Non, des jeux courageux, puis d'heureux
Bras las autour du cou, pour de moins langoureux
Qu'étroits sommeils à deux, tout coupés de reprises.

Dormez, les amoureux ! Tandis qu'autour de vous
Le monde inattentif aux choses délicates,
Bruit ou git en somnolences scélérates,
Sans même, il est si bête ! être de vous jaloux.

Et ces réveils francs, clairs, riants, vers l'aventure
De fiers damnés d'un plus magnifique sabbat ?
Et salut, témoins purs de l'âme en ce combat
Pour l'affranchissement de la lourde nature !

LÆTI ET ERRABUNDI

Les courses furent intrépides
(Comme aujourd'hui le repos pèse!)
Par les steamers et les rapides.
(Que me veut cet at home obèse?)

Nous allions, — vous en souvient-il,
Voyageur où ça disparu? —
Filant légers dans l'air subtil,
Deux spectres joyeux, on eût cru!

Car les passions satisfaites
Insolemment outre mesure
Mettaient dans nos têtes des fêtes
Et dans nos sens, que tout rassure,

Tout, la jeunesse, l'amitié,
Et nos cœurs, ah ! que dégagés
Des femmes prises en pitié
Et du dernier des préjugés,

Laissant la crainte de l'orgie
Et le scrupule au bon ermite,
Puisque quand la borne est franchie
Ponsard ne veut plus de limite.

Entre autres blâmables excès
Je crois que nous bûmes de tout,
Depuis les plus grands vins français
Jusqu'à ce faro, jusqu'au stout,

En passant par les eaux-de-vie
Qu'on cite comme redoutables,
L'âme au septième ciel ravie,
Le corps, plus humble, sous les tables.

Des paysages, des cités
Posaient pour nos yeux jamais las ;
Nos belles curiosités
Eussent mangé tous les atlas.

Fleuves et monts, bronzes et marbres,
Les couchants d'or, l'aube magique,
L'Angleterre, mère des arbres,
Fille des beffrois, la Belgique,

La mer, terrible et douce au point, —
Brochaient sur le roman très cher
Que ne discontinuait point
Notre âme, — et quid de notre chair ?... —

Le roman de vivre à deux hommes
Mieux que non pas d'époux modèles,
Chacun au tas versant des sommes
De sentiments forts et fidèles.

L'envie aux yeux de basilic
Censurait ce mode d'écot :
Nous dînions du blâme public
Et soupions du même fricot.

La misère aussi faisait rage
Par des fois dans le phalanstère :
On ripostait par le courage,
La joie et les pommes de terre.

Scandaleux sans savoir pourquoi,
(Peut-être que c'était trop beau)
Mais notre couple restait coi
Comme deux bons porte-drapeau,

Coi dans l'orgueil d'être plus libres
Que les plus libres de ce monde,
Sourd aux gros mots de tous calibres,
Inaccessible au rire immonde.

Nous avions laissé sans émoi
Tous impédiments dans Paris,
Lui quelques sots bernés, et moi
Certaine princesse Souris,

Une sotte qui tourna pire...
Puis soudain tomba notre gloire,
Tels nous des maréchaux d'empire
Déchus en brigands de la Loire,

Mais déchus volontairement.
C'était une permission,
Pour parler militairement,
Que notre séparation,

Permission sous nos semelles,
Et depuis combien de campagnes!
Pardonnâtes-vous aux femelles ?
Moi j'ai peu revu ces compagnes,

Assez toutefois pour souffrir;
Ah, quel cœur faible que mon cœur!
Mais mieux vaut souffrir que mourir
Et surtout mourir de langueur.

On vous dit mort, vous. Que le Diable
Emporte avec qui la colporte
La nouvelle irrémédiable
Qui vient ainsi battre ma porte !

Je n'y veux rien croire. Mort, vous,
Toi, dieu parmi les demi-dieux !
Ceux qui le disent sont des fous.
Mort, mon grand péché radieux,

Tout ce passé brûlant encore
Dans mes veines et ma cervelle
Et qui rayonne et qui fulgore
Sur ma ferveur toujours nouvelle!

Mort tout ce triomphe inouï
Retentissant sans frein ni fin
Sur l'air jamais évanoui
Que bat mon cœur qui fut divin!

Quoi, le miraculeux poème
Et la toute-philosophie,
Et ma patrie et ma bohème
Morts? Allons donc! tu vis ma vie!

BALLADE

DE LA MAUVAISE RÉPUTATION

Il eut des temps quelques argents
Et régala ses camarades
D'un sexe ou deux, intelligents
Ou charmants, ou bien les deux grades,
Si que dans les esprits malades
Sa bonne réputation
Subit que de dégringolades!
Lucullus? Non. Trimaleion.

Sous ses lambris, c'étaient des chants
Et des paroles point trop fades.
Eros et Bacchos indulgents
Présidaient à ces sérénades

7

Qu'accompagnaient des embrassades.
Puis chœurs et conversation
Cessaient pour des fins peu maussades.
Lucullus? Non. Trimalcion.

L'aube pointait et ces méchants
La saluaient par cent aubades
Qui réveillaient au loin les gens
De bien, et par mille rasades.
Cependant de vagues brigades
— Zèle ou dénonciation —
Verbalisaient chez des alcades.
Lucullus ? Non. Trimalcion

ENVOI

Prince, ô très haut marquis de Sade,
Un souris pour votre scion
Fier derrière sa palissade.
Lucullus? Non. Trimalcion.

CAPRICE

O poète, faux pauvre et faux riche, homme vrai,
Jusqu'en l'extérieur riche et pauvre pas vrai,
(Dès lors, comment veux-tu qu'on soit sûr de ton cœur ?)
Tour à tour souple drôle et monsieur somptueux,
Du vert clair plein d' « espère » au noir componctueux,
Ton habit a toujours quelque détail blagueur.

Un bouton manque. Un fil dépasse. D'où venue
Cette tache — ah ça, malvenue ou bienvenue ? —
Qui rit et pleure sur le cheviot et la toile ?
Nœud noué bien et mal, soulier luisant et terne.
Bref, un type à se pendre à la Vieille Lanterne
Comme à marcher, gai proverbe, à la belle étoile.

Gueux, mais pas comme ça, l'homme vrai, le seul vrai,
Poète, va, si ton langage n'est pas vrai,
Toi l'es, et ton langage, alors! Tant pis pour ceux
Qui n'auront pas aimé, fous comme autant de tois,
La lune pour chauffer les sans femmes ni toits,
La mort, ah, pour bercer les cœurs malchanceux.

Pauvres cœurs mal tombés, trop bons et très fiers, certes
Car l'ironie éclate aux lèvres belles, certes,
De vos blessures, cœurs plus blessés qu'une cible,
Petits sacrés cœurs de Jésus plus lamentables,
Va, poète, le seul des hommes véritables,
Meurs sauvé, meurs de faim pourtant le moins possible.

BALLADE SAPPHO

Ma douce main de maîtresse et d'amant
Passe et rit sur ta chère chair en fête,
Rit et jouit de ton jouissement.
Pour la servir tu sais bien qu'elle est faite,
Et ton beau corps faut que je le dévête
Pour l'enivrer sans fin d'un art nouveau
Toujours dans la caresse toujours prête.
Je suis pareil à la grande Sappho.

Laisse ma tête errant et s'abîmant
A l'aventure, un peu farouche, en quête
D'ombre et d'odeur et d'un travail charmant
Vers les saveurs de ta gloire secrète.

Laisse rôder l'âme de ton poète
Partout par là, champ ou bois, mont ou van,
Comme tu veux et si je le souhaite.
Je suis pareil à la grande Sappho.

Je presse alors tout ton corps goulûment,
Toute ta chair contre mon corps d'athlète
Qui se bande et s'amollit par moment,
Heureux du triomphe et de la défaite
En ce conflit du cœur et de la tête.
Pour la stérile étreinte où le cerveau
Vient faire enfin la nature complète
Je suis pareil à la grande Sappho.

ENVOI

Prince ou princesse, honnête ou malhonnête,
Qui qu'en grogne et quel que soit son niveau,
Trop su poète ou divin proxénète,
Je suis pareil à la grande Sappho.

TABLE

———

ÉVREUX, IMPRIMERIE DE CHARLES HÉRISSEY

*Il nous a semblé intéressant de donner au lec-
teur de « PARALLÈLEMENT » la primeur de cette
dernière pièce de vers de PAUL VERLAINE, reçue
de lui pour son prochain livre « BONHEUR ».*

CHASTETÉ

Guerrière, militaire et virile en tout point,
La sainte Chasteté que Dieu voit la première
De toutes les vertus marchant dans sa lumière
Après la Charité distante presque point

Va d'un pas assuré mieux qu'aucune amazone
A travers l'aventure et l'erreur du Devoir,
Ses yeux grands ouverts pleins du dessein de bien voir,
Son corps robuste et beau digne d'emplir un trône,

Son corps robuste et nu balancé noblement,
Entre une tête haute et des jambes sereines,
Du port majestueux qui sied aux seules reines,
Et sa candeur la vêt du plus beau vêtement.

Elle sait ce qu'il faut qu'elle sache des choses,
Entre autres que Jésus a fait l'homme de chair
Et mis dans notre sang un charme doux-amer
D'où doivent découler nos naissances moroses,

Et que l'amour charnel est bénit en des cas.
Elle préside alors et sourit à ces fêtes,
Dévêt la jeune épouse avec ses mains honnêtes
Et la mène à l'époux par des tours délicats.

Elle entre dans leur lit, lève le linge ultime,
Guide pour le baiser et l'acte et le repos
Leurs corps voluptueux aux fins de bons propos
Et désormais va vivre entre eux, leur ange intime.

Puis, au-dessus du Couple ou plutôt à côté,
— Bien agir fait s'unir les vœux et les nivelle —
Vers le Vierge et la Vierge isolés dans leur belle
Thébaïde à chacun la sainte Chasteté.

Sans quitter les Amants, par un charmant miracle,
Vole et vient rafraîchir l'Intacte et l'Impollu
De gais parfums de fleurs comme s'il avait plu
D'un bon orage sur l'un et sur l'autre habitacle,

Et vêt de chaleur douce au point et de jour clair
La cellule du Moine et celle de la Nonne,
Car s'il nous faut souffrir pour que Dieu nous pardonne
Du moins Dieu veut punir, non torturer la chair.

Elle dit à ces chers enfants de l'Innocence :
Dormez, veillez, priez. Priez surtout, afin
Que vous n'ayez pas fait tous ces travaux en vain,
Humilité, douceur et céleste ignorance !

Enfin elle va chez la Veuve et chez le Veuf,
Chez le vieux Débauché, chez l'Amoureuse vieille,
Et leur tient des discours qui sont une merveille
Et leur refait, à force d'art, un corps tout neuf.

Et quand alors elle a fini son tour du monde,
Tour du monde ubiquiste, invisible et présent,
Elle court à son point de départ en faisant
Tel grand détour, espoir d'espérance profonde ;

Et ce point de départ est un lieu bien connu,
Eden même : là sous le chêne et vers la rose,
Puisqu'il paraît qu'il n'a pas à faire autre chose,
Rit et gazouille un beau petit enfant tout nu.

PAUL VERLAINE.

(Mai 1869.)

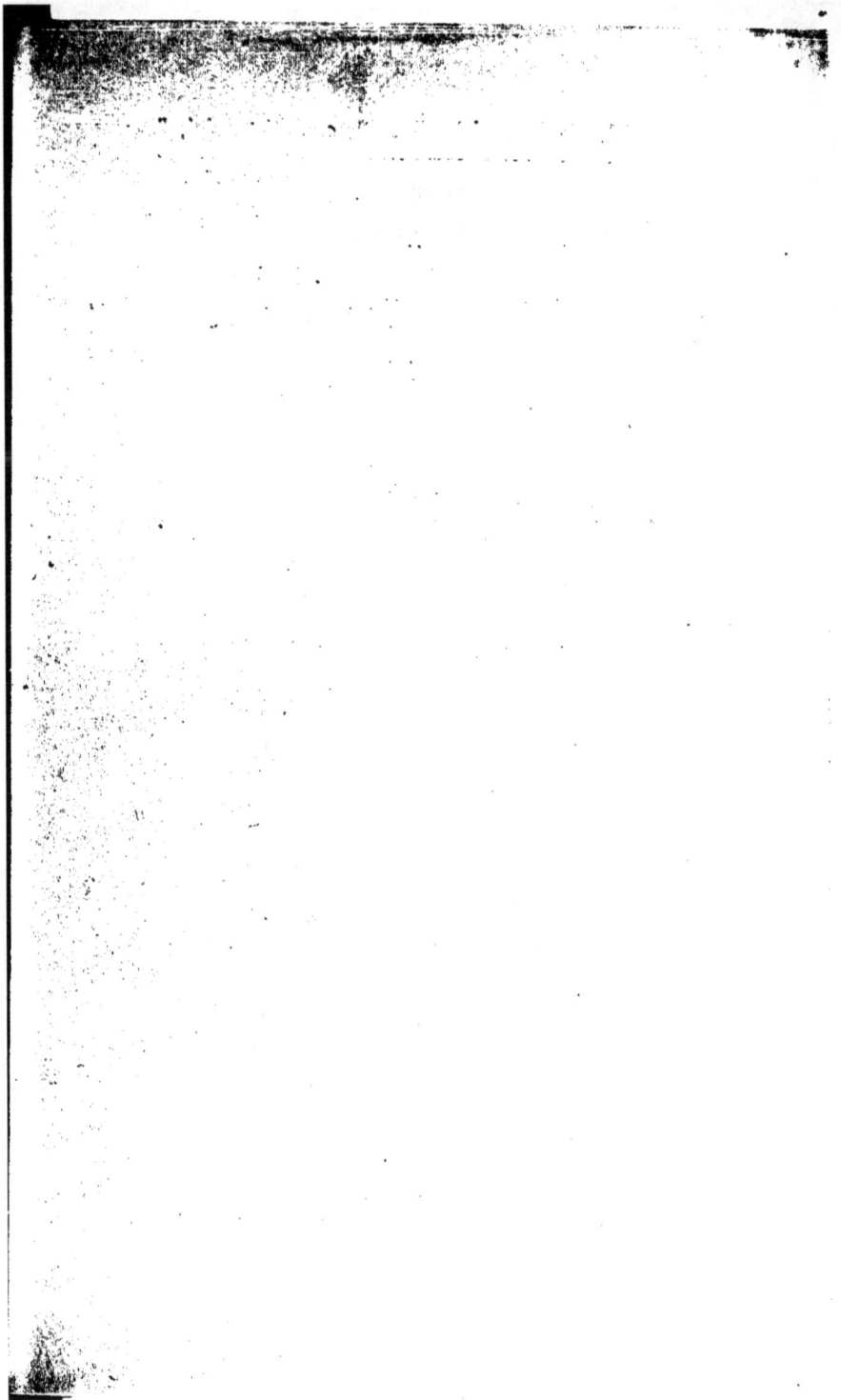

Librairie LÉON VANIER, 19, quai Saint-Michel, Paris.

Envoi franco contre timbres-poste ou mandat.

La plupart de ces volumes ou plaquettes de luxe sont tirés à très petit nombre.

PAUL VERLAINE

POÉSIES.	Poèmes saturniens	3
—	La bonne chanson	3
—	Fêtes galantes	3
—	Romances sans paroles.	3
—	Jadis et naguère	3
—	Amour	3
—	Sagesse	3
—	Bonheur (*en préparation*)	3
PROSE.	Les poètes maudits.	3 50
—	Louise Leclercq	3 50
—	Mémoires d'un veuf	3 50
	Tirage à part de ces deux derniers livres sur Hollande	8
—	18 biographies littéraires publiées dans les *Hommes d'aujourd'hui*, ces 18 numéros.	1 80

STÉPHANE MALLARMÉ

L'après-midi d'un faune. Églogue. Avec illustrations de Manet. Plaquette d'art sur Japon 5

Poèmes d'Edgar Poë, traduction française avec dessins inédits de Manet, magistral in-8° 10

J. K. HUYSMANS

Croquis Parisiens, nouvelle édition très augmentée, avec portrait, dans le format des Eucologes 6

Exemplaires tirés à part sur papier Japon, Hollande, à chandelle 15, 12, 10

JEAN MORÉAS

Les Cantilènes 3 50

JULES LAFORGUE

Les Complaintes 3

Imitation de Notre-Dame la Lune 2

Moralités légendaires, 6 contes en prose avec un portrait 6

ARTHUR RIMBAUD

Les Illuminations, préface de P. Verlaine 6

ÉVREUX, IMPRIMERIE DE CH. HÉRISSEY